奎文萃珍

春社猥談

［明］祝允明等 撰

文物出版社

圖書在版編目（CIP）數據

春社猥談 / (明) 祝允明等撰. -- 北京 : 文物出版社,
2020.1
（奎文萃珍 / 鄧占平主編）
ISBN 978-7-5010-6266-9

Ⅰ. ①春… Ⅱ. ①祝… Ⅲ. ①雜著－中國－明代
Ⅳ. ①Z429.48

中國版本圖書館CIP數據核字(2019)第190518號

奎文萃珍
春社猥談 〔明〕祝允明等 撰

主　　編：鄧占平
策　　劃：尚論聰　楊麗麗
責任編輯：李縉雲　劉良函
責任印製：梁秋卉

出版發行：文物出版社
社　　址：北京市東直門內北小街2號樓
郵　　編：100007
網　　址：http://www.wenwu.com
郵　　箱：web@wenwu.com
經　　銷：新華書店
印　　刷：藝堂印刷（天津）有限公司
開　　本：710mm × 1000mm　1/16
印　　張：14.25
版　　次：2020年1月第1版
印　　次：2020年1月第1次印刷
書　　號：ISBN 978-7-5010-6266-9
定　　價：90.00圓

序言

《春社猥談》，明代祝允明、徐禎卿等撰，纂輯者不詳。明刻本。此書爲唐宋至明代筆記小説的合集，包括猥談、俗考、語怪、异林、記事珠、袖中錦、義山雜纂、雜纂續、雜纂二續、雜纂三續十種。卷前有祝允明《題猥談》及版畫《春社圖》兩幅。

中國古代文學史上的『小説』一詞最早見於《莊子・外物》篇，意爲淺薄瑣屑的言論，後用來指文學作品中的雜著一類。明代胡應麟曾將『小説』分作志怪、傳奇、雜録、叢談、辨訂、箴規六類。《四庫全書總目提要》則分作叙述雜事、記録异聞、綴輯瑣語三派。又因其多取叢談、雜俎、瑣言、纂、編、論、話、語、説等筆記之體，故亦稱爲『筆記小説』。

此集中《猥談》《語怪》爲明代祝允明所作，《异林》爲同是吴中四才子的徐禎卿所作。所録雖多爲神怪不經之事，但也具有一定的文獻學價值。如《猥談》中關於南戲發展興盛的論述及最早對餘姚腔、海鹽腔、弋陽腔及昆山腔四大聲腔的記載在中國戲曲史上有極其重要的意義。這三種小説亦收録於明代陸貽孫所編《烟霞小説》三十二卷之中。另外值得一提的是，李商隱的《義山雜纂》，宋代王君玉、蘇軾和明代黄允交的續作《雜纂續》《雜纂二續》《雜纂三續》以雜纂這種文體，分類輯録歇後語等俗語，語言通俗簡短，形成一種具有幽默諷誡功能的筆記小品。清代宋澤元評其『熟諳世味，曲繪人情，如鑒取形，如水照影，使讀者粲然笑，憬然悟』。

此集爲明刻本，中國國家圖書館藏明末刻本《八公游戲叢談八種》九十四卷即此，行款版式完全相同，實爲此叢書中之散出零本。另外，《美國哈佛大學燕京圖書館藏叢部善本彙刊》亦收録有此书。

馬琳

二〇一九年九月

題猥譚

伊猥譚紀瑣事訂細文述善戲憶曩昔長者次雄論間獲隨侍追後來廣交契雖龍賓不遐棄高軒過每移晷或造請尸客位及綈緗古哲對所見聞頗多識擇其善就編記論篤外有

雜碎齒頰餘匪厚味聊解頤不忍置

因萃斯祝氏志

吳郡祝允明

春社猥談十卷

猥談

俗考

語怪

異林

記事珠

袖中錦

義山雜纂

雜纂續

猥談

吳郡祝允明著　李孫枝閱

李公

永樂初饒人朱季文進所著書楊文貞輩請笞其人火其書近成化末司馬御史提學南畿得予婦翁李公琬琰集舊刻命學徒斵謄之衆請所用元本登之本司馬從之李故假諸督府經歷吳宣宣大怒疏于朝言李某以壻祝允明在學假書令浸潤司馬某事下所司立案而已後見周原已院判笑謂予翰林舊

有一可笑事今得吳經歷本作對矣一大將乞翰林某人書專令一吏候之免其他役吏始甚德之既逾改火吏不勝躁具牒呈其將言蒙委領某翰林文字爲渠展轉支延已及半載顯是本官不能作詩虛詞誑脫彼此一笑而已以文墨事見之疏牒前有子翰林後有子也又後數年無錫有陳公懋者註書與朱子反亦上于朝　上命笞而遣之予謂又與朱季文爲對子也

上父書

上大人丘乙巳化三千七十士尔小生八九子佳作仁可知禮右八句未曳也字不知何起今小兒學書必首此天下同然書坊有解胡說耳水東日記言宋學士晚年寫此必知所自又說郛中曾記之亦未暇撿向一友謂予此孔子上其父書也上大人（句上上書大人謂叔梁紇）丘（句聖人名）乙巳化三千七十士尔（句乙一通言一身所化士如許）小生八九子佳（句八九七十二也言弟子三千中七十二人更佳）作仁（句作猶爲也）可知禮也（仁禮相爲用言七十子善爲仁其於禮可知）大槩取筆畫稀少開童子稍附會理也

文字

文字中稱完顏氏爲大金承襲誤也蒙古自稱大元我朝作者何曾予之以大今應云胡金爾文字門稱都御史爲中丞府尹爲京兆之屬當泥語勢如何若結銜之際亦欲異衆書從別代或妄更變非也如官吏部屬書尚書吏部郎中曾攝使假一品服還尋繳納書賜一品服憲臣出巡易地名如巡按貴陽至如領鄉舉書浙進士賜進士不書出身同出身但書第字爲府縣學生書郡庠邑庠或長庠吳庠之類不知

可乎

別號

道號別稱古人間自寓懷非爲敬名設也今人不敢名亦不敢字必以號稱雖尊行貴位不以屬銜爲重而更重所謂號大可笑事也士大夫名實副者固多餘唯農夫不然自閭市村隴嵬人瑣夫不識丁者未嘗無號兼之庸鄙狂怪松蘭泉石一坐百犯又兄山則弟必水伯松則仲叔必竹梅父此物則子孫引此物於不已愚哉愚哉予每徇人爲記說多假記以規

諷猶用自愧近聞婦人亦有之向見人稱冰壺老拙乃蔆媼也又傳江西一令訊盜盜忽對曰守愚不敢令不解問左右一胥云守愚者其號也乃知今日賊亦有別號矣此等風俗不知何時可變

判語

張忠定判尾匠乞假云天晴尾然雨下和泥及丁謂判木工狀云不得將皮補節削凸見心人稱之郡守那公判重造郡門皷狀云務須緊綳密釘晴雨同聲又一守禁戴帽不得露網巾吏草榜云前不露邊後

不露圈守日公文貴簡何作對偶語乎吏白當如何守曰前後不露遂圈乃不覺一笑

破題

宋末人戲作破題古曲題云看看月上薔薇架那人應是不來也最苦是一對鳳枕閒在繡幃下破云時至人未至君子不能無疑心物偶人不偶君子不能無感心吳歌題云月子彎彎照幾州幾家歡樂幾家愁幾家夫婦同羅帳幾家漂散在他州破云運於上者無遠近之殊形於下者有悲歡之異小曲題云嫣

嫣只要光光鍰我苦何曾管雪下去送官賣酒輪番幾曾得免怎容懶有客教奴伴破云吾親狥利而忘義既不能以憂人之憂吾身狥公而忘私又强欲以樂人之樂

俗儉

江西俗儉果榼作數格唯中一味或果或菜可食餘悉充以雕木謂之子孫果合又不解鎝蕉糖亦刻木飾其色以代匱一客欲食取之方知贋物便失笑覆視之底有字云大德二年重修更胡盧也

歌曲

今人間用樂皆苟簡錯亂其初歌曲絲竹大率金元之舊略存十七宮調亦且不備只十一調中塡輳而已雖曰不敢以望雅部然俗部大槩較差雅部不曾數律今之俗部尤極高而就其聲察之初無定一時高下隨工任意移易（此病歌與絃音爲最）蓋亂金元製腔之時又失之矣自國初來公私尚用優伶供事數十年來所謂南戲盛行更爲無端於是聲樂大亂南戲出於宣和之後南渡之際謂之溫州雜劇予見舊牒其時

有趙閎夫榜禁頗述名目如趙貞女蔡二郎等亦不甚多以後日增今遍滿四方轉轉改益又不如舊而歌唱愈繆極厭觀聽蓋已略無音律腔調音者七音律者十二律呂腔者章句字數長短高下疾徐抑揚之節各有部位調者舊八十四調後七十七宮調今十一調正宮不可爲中呂之類此四者無一不具愚人蠢工徇意更變妄名餘姚腔海鹽腔弋陽腔崑山腔之類變易喉舌趁逐抑揚杜撰百端真胡說耳若以被之管絃必至失笑而昧士傾喜之互爲自謾爾

土語

生淨旦末等名有謂反其事而稱又或託之唐莊宗皆繆云也此本金元闤闠談吐所謂鶻伶聲嗽今所謂市語也生即男子旦曰粧旦色淨曰淨兒末曰末尼孤乃官人即其土音何義理之有太和譜略言之詞曲中用土語何限亦有聚爲書者一覽可知

智者

弘治中吾郡一豪子以事官捕之急竄匿不出官百計索之不能得或言鄉耆某多智數官廷訪之耆乞屏左右乃曰欲得之須用老子官曰老子已在此矣

耆意益用欲取先予之術官所云謂已執其父也耆曰不是者箇老予官曰正是者箇老子耆又白如前官終不悟即叱之退曰者蠢物尚認一人有兩老子何智術之有、

無故之死

人死有輕於鴻毛又有大無端不若鴻毛者大抵官府最多漫記二事京師人產兒一頭兩身棄諸野一丐取示人以乞錢俄頃觀者牆立鬨傳於邏廠中人白于內未報而街坊火甲不知更恐其擾攘也逐之

丐提孩去明日内旨取看火甲覓丐與兒皆亡矣懼
卽自經家僅一妻懼追捕亦縊一戶遂絕又二人遇
於途甲沈醉乙半酣甲毆乙仆視之死矣逕去總甲
見之亟白于官時已暮姑以葦席四懸障屍衆瘮衛
於外夜半乙稍蘇已迷前事思安得處此必犯夜禁
故潛起而逸歸家已大醒謂其妻甲毆我明當訟之
及明守者失屍驚懼須臾官來謂受賕棄屍箠楚之
守者誣服請取屍來乃共往伺于郊一人醉而來衆
前撲殺之舁入葦室乙詣甲喧將訟之甲與飲納之

賄乃釋甲復思昔者所由罔知爲我殺人今若此曷不白之官因遞乙往首實官訊守者屍所來不能諱棄市若濟卒牽夫公役輩無故之死又尋常事耳

癩虫

吾鄉都生自外歸裝有水銀一小簏箱箱上書一銀字爲識舟人以爲銀也乘其醉縛而沈之南方過癩小說多載之近聞其症乃有癩蟲自男女精液中過去故此脫而彼染如男入女固易若女染男者亦自女精中出隨精入男莖中也若男欲除蟲者以荷葉

卷置女陰中既輸洩即抽出藥精與蟲悉在其中即棄之精既不入女陰宮女亦無害也此治療妙術故不厭猥褻詳述之今南中有癩人處官置癩坊居之不以貴賤知體蘊癩者家便聞官隱者有罰焉

驢姦

曩時婦人與狗姦事有公牒人皆知之又闕媼事予記在語怪沈休文宋書凡有兩事又近數年有驢姦事漫述之燕京小民三五家共築一土室買一驢室中置磨各家有麥共往磨之一日三婦磨麥少休驢

舒息久之游騰其勢婦下劣戲言我輩能當之乎一往就之畏卽已一繼之不勝而退一晒而往稍縱焉畜遂訖事畜去而婦斃焉此等事如漢濟北江都王及僧祗律獼猴精舍比丘雖提死焉今甚多宇宙之間何所不有

丐戶

奉化有所謂丐戶俗謂之大貧聚處城外自爲匹偶良人不與接婚官給衣糧而本不甚窘亦婦女稍妝澤業枕席其始皆宦家以罪殺其人而籍其牝官設

之而征其淫賄以迄今也金陵教坊二十八家亦然
奉鑾趙之祖齊氏室所生也

新人

城中有女許嫁鄉間富室及期來迎其夕失女所在蓋與私人期而爲巫臣之逃矣詰旦家人莫爲計姑以女暴疾辭而來僨固已洞悉之矣乍家禮筵方啟嘉儀紛沓翹企以待比逆者至寂然主人抑從者皆莫能對僨以袂掩口附耳告曰新人少出不覺一笑而已

猥談終

俗考

宋　洪邁述　桃源江盈科補

上元張燈

上元張燈太平御覽所載史記樂書曰漢家祀太一以昏時祠到明今人正月望日夜游觀燈是其遺事而今史記無此文唐韋述兩京新記曰正月十五日夜敕金吾弛禁前後各一日以看燈本朝京師增為五夜俗言錢忠懿納土進錢買兩夜如前史所謂買宴之比初用十二十三夜至崇寧初以兩日皆國忌

遂展至十七十八夜予按國史乾德五年正月詔以
朝廷無事區宇乂安令開封府更增十七十八兩夕
然則俗云因錢氏及崇寧之展日皆非也太平興國
五年十月下元京城始張燈如上元之夕至淳化元
年六月始罷中元下元張燈

重陽上巳改日

唐文宗開成元年歸融爲京兆尹時兩公主出降府
司供帳事繁又時近上巳曲江賜宴奏請改日上曰
去年重陽改九月十九日未失重陽之意而至展一

何乃知鄭谷所賦十日菊詩云自緣今日人心別未必秋香一夜衰亦爲未盡也唯東坡公有菊花開時即重陽之語故記其在海南藝菊九畹以十一月望與客泛酒作重九云

歲旦飲酒

今人元日飲屠酥酒自小者起相傳之久然固有來處後漢李膺杜密以黨人同繫獄值元日於獄中飲酒先從小者何也勛曰俗以小者得歲故先酒賀之老者失時故後飲酒初學記載四民月令云正旦進

酒次第當從小起以年小者起先唐劉夢得白樂天元日舉酒賦詩劉云與君同甲子壽酒讓先杯白云與君同甲子歲酒合誰先白又有歲假内命酒一篇云歲酒先拈辭不得被君推作少年人東坡亦云但把窮愁博長健不辭最後飲屠酥其義亦然

男子運起寅

今之五行家學凡男子小運起於寅女子小運起於申莫知何書所載淮南子汜論訓篇云禮三十而娶許叔重注曰三十而娶者陰陽未分時俱生於子男

從子數左行三十年立於巳女從子數右行二十年亦立於巳合夫婦故聖人因是制禮使男子三十而娶女二十而嫁其男子自巳數左行十得寅故人十月而生於寅故男子數從寅起女自巳數右行得申亦十月而生於申故女子數從申起此說正爲起運也

酒肆旗望

今都城與郡縣酒務及凡鬻酒之肆皆揭大帝於外以青白布數幅爲之微者隨其高卑小大村店或挂

餅瓢標篘科唐人多詠於詩然其制蓋自古以然矣韓非子云宋人有酤酒者斗槩甚平遇客甚美懸幟甚高而酒不售遂至於酸所謂懸幟者此也

六更

漢書斥候士百餘人五分夜擊刁斗自守師古曰夜有五更故分而持之唐六典太史門典鐘二百八十人掌鐘漏故詩云促漏遥鐘動靜聞其漏五五相遞凡二十五故李郢詩云二十五聲秋點長韓退之詩雞三號更五點宋宮而及州縣更漏皆去五更後二

點又并初更去其二點首尾止二十一點至今仍之故曰一更三點禁人行五更三點放人行宋太祖以鼓多驚寢遂易以鐵磬此更鼓之變也或謂之鉦即今之雲板也陳履常詩殘點連聲殺五更汪元量詩亂點傳籌殺六更今報更鼕鼕鼓將盡則雲板連敲謂之殺更衛公兵法曰鼓三百三十二槌爲一通角吹十二聲爲一疊鼓止角動也司馬法曰昏鼓四通爲大鼜夜半三通爲晨戒旦明三通爲發餉今早晚各止三通也其鐘聲則一百八撞以應十二月二十

四氣七十二候之數

漢田畝價

東方朔曰豐鎬之間號爲土膏其價畝一金杜篤曰厥土之膏畝價一金費鳳碑曰祖業良田畝直一金按漢金一斤爲錢十千是知漢田每畝十千與斤大率相似僕觀三十年前有司留意徵理所在多爲良田大家爭售主倍其直而邇年以來有司狃于姑息所在習頑爲風舉向來膏腴之土損半直以求售往往莫敢鄉邇世態爲之一變甚可歎也

纏足

婦人扎脚纏足古未嘗有俗傳起于西施然莫可攷也洛浦賦淩波微步趙飛燕能為掌上舞綠珠步香塵無跡皆喻其體輕未始顯言足小也然稱其步微掌上無跡則纖細亦可想見矣自南唐李後主令宮娘以帛繞脚令纖小屈上作新月狀即今之遺風也

漢唐酒價

歷陽郭次象多聞嘗與僕論唐酒價郭謂前輩引老杜詩速令相就飲一斗恰有三百青銅錢以此知當

時酒價然白樂天與劉夢得沽酒閒飲詩曰共把十千沽一斗相看七十欠三年當劉白之時酒價何太不廉哉僕謂不然十千一斗乃詩人寓言此曹子建樂府中語耳唐人引此甚多如李白詩曰金尊沽酒斗十千王維詩曰新豐美酒斗十千崔輔國詩曰與沽一斗酒恰用十千錢許渾詩曰十千沽酒留君醉權德輿詩曰十千斗酒不知貴陸龜蒙詩曰若得奉君歡十千沽一斗唐人言十千一斗類然一斗三百錢獨見子美所云故引以定當時之價然詩人所言

出於一時又未知果否一斗三百別無可據唐食貨志云德宗建中三年禁民酤以佐軍費置肆釀酒斛收直三千此可驗乎又觀楊松玠談藪北齊盧思道嘗云長安酒賤斗價三百杜詩引此亦未可知僕因謂郭曰曾知漢酒價否郭無以應僕謂漢酒價每斗一千郭謂出於何書僕曰此見典論曰孝靈帝末年百司湎酒一斗直千文此可證也

春畫

後世淫巧百狀今所謂春畫其來亦久漢廣川王畫

屋爲男女嬴交接置酒請諸父姊妹飲令仰視畫坐廢齊鬱林王於潘妃諸閤壁皆圖男女私褻之狀宋劉瑱畫鄱陽王與寵姬照鏡欲偶交狀以寄其妹此皆信史所書迷樓記云揚州刺史獻煬帝烏銅屏帝曰繪者假也此得人之真形勝繪萬倍矣釋氏十誦律亦有畫女與人女同之說癸辛雜識言高麗人作不肖之畫於扇上

男人傅粉

世說載何晏潔白魏帝疑其傅粉以湯餅試之其拭

愈白知其非傅粉也考魏略晏自喜動靜粉白不去手則知晏常傅粉矣前漢佞幸傳籍孺閎孺傅脂粉以婉媚幸上此不足道也東漢李固傳章曰大行在殯路人掩涕固獨胡粉飾貌搔頭弄姿槃旋偃仰從容冶步略無慘怛之心顏氏家訓謂梁朝子弟無不熏衣剃面傅粉施朱以此知古者男子多傅粉者

重三

今言五月五日曰重五九月九日曰重九則三月三日亦宜曰重三觀張說文集三月三日詩暮春三月

日重三此可據也曲水侍宴詩三月重三日此可據也

解嗲

嗲云猪來窮家狗來富家猫來孝家故猪猫二物皆為人忌有至必殺之而邑中博士常戲為解一人曰嗲語政不爾無足忌者蓋窮家籬穿壁破故猪來非猪能兆窮也富家飲饌豐遺骨多故狗來非狗能兆富也家多鼠虫為耗故猫來孝家則耗之訛非猫能兆孝也此說甚當余邑又嗲云笑狗落雨博士曰此

亦不然笑狗謂瘦狗西江人呼瘦爲笑落雨者謂落尾亦西江人讀字之訛也余每觀狗之瘦者尾必下妥此解亦確不可易所謂邇言必察者非耶

女樂

女樂之興本由巫覡周禮所謂以神任者在男曰巫在女曰覡巫覡在上古已有之汲冢周書所謂神巫用國觀楚辭九歌所言巫以歌舞悅神其衣被情態與今倡優何異伊尹書云敢有恒舞于宮酣歌于室時謂巫風巫山神女之事流傳至今蓋有以也晉夏

統傳女巫章丹陳珠二人並有國色裝服雅麗歌舞輕佪其解佩褫紳不待低帷昵枕矣其惑人又豈下於陽阿北里哉

戲婦

抱朴子疾謬篇云世俗有戲婦之法於稠衆之中親屬之前問以醜言責以慢對其爲鄙瀆不可忍論或蹙以楚撻或繫足倒懸酒客酗醟不知限劑至使有傷於流血踒折支體者可歎也古人感離別而不滅燭悲代親而不舉樂禮論娶者羞而不賀今旣不能

勁蹈舊典至於德為鄉閭之所敬言為人士之所信宜正色矯而呵之何為同其波流長此敝俗哉今此俗世尚多有之娶婦之家新壻避匿羣男子競作戲調以弄新婦謂之謔親或褰裳而針其膚或脫履而規其足以廟見之婦同于倚市門之倡誠所謂敝俗也然以抱朴子考之則晉世已然矣歷千餘年而不能變可怪哉

僕衣皂白

漢官吏著皂其給使賤役著白按谷永曰擢之皂衣

之吏張敞曰敞備皂衣二十餘年注云雖有四時服至朝皆著皂衣兩龔傳曰聞之白衣戒君勿言注白衣給使官府趨走賤人若今諸司亭長掌內之屬晉陶淵明謂白衣送酒是也又觀戰國策左師公謂臣有賤息願令補黑衣之數以衛王宮知官吏著皂舊矣

小食

漫錄謂世俗例以早晨小食爲點心自唐巳有此語鄭傪爲江淮留後夫人曰爾且點心或謂小食亦罕

知出處昭明太子傳曰京師穀貴改常饌爲小食小食之名本此

噴嚏

今人噴嚏不止者必噀唾祝云有人說我婦人尤甚予按終風詩寤言不寐願言則嚏鄭氏箋云我其憂悼而不能寐女思我心如是我則嚏也今俗人嚏云人道以此古之遺語也乃知此風自古以來有之

字省文

今人作字省文以禮爲礼以處爲処以與爲与凡章

奏及程文書册之類不敢用然其實皆說文本字也許叔重釋礼字云古文処字云止也得几而止或從處方字云賜予也方與同然則當以省文者爲正

放錢

今人出本錢以規利入俗語謂之放債又名生放子考之亦有所來漢書谷永傳云至爲人起責分利受謝顏師古注曰言富賈有錢假託其名代之爲主放與他人以取利息而共分之此放字所起也

俗語所出

樓羅見南史喋門見晉書主顧見東漢人力見北史承受見後漢證左見前漢相僕見吳書直日見禮記注門客見南北史察子見唐書駔儈見前漢求食見左傳措大見唐書高手醫見晉書小家子無狀子見前漢浮浪人見隋書茶博士見語林酒家兒見欒布傳厨下兒見吳書家常使令見衛子夫傳快活三郎見開天傳信錄掉書袋見南唐書同年友見劉禹錫集注齋襯錢年月日子入粗入細看人眉睫見南北史近市無價見曾子巧詐寧拙誠見說苑十指有長

短褊惜皆相似見曹植詩賣漿値天涼見姜子牙語
近朱赤近墨黑見傅玄太子箴積財千萬不如薄藝
隨身教兒嬰孩教婦初來見顏氏家訓生爲人所咀
嚼死爲人所慊快見左雄語舉頭三尺有神明見徐
鉉語龍生龍鳳生鳳見丹霞語對牛彈琴作死馬醫
冷灰豆爆皆見禪錄似此等語不可枚舉今鄙俗語
謂不在被中眠安知被無邊而盧仝詩曰不予衾之
眠信予衾之穿謂一日不作一日不食而趙世家曰
一日不作百日不食謂讓一寸饒一尺則曹氏令曰

詩禮一寸得禮一尺謂三世仕宦方解著衣喫飯而曹氏令曰三世長者知被服五世長者知飲食

端午

唐玄宗以八月五日爲千秋節張說上大衍曆序云謹以開元十六年八月端午獻之唐類表有宋璟請八月五日爲千秋節表云月惟仲秋日在端午然則凡月之五日皆可稱端午也余觀俗世說齊映爲江西觀察使因德宗誕日端午爲銀餅高八尺以獻是亦有端午之說

貧富習常

少時見前輩一說云富人有子不自乳而使人棄其子而乳之貧人有子不得自乳而棄之以乳他人之子富又懶行而使人肩輿貧人不得自行而又肩輿人是皆習以爲常而不察之也天下事即以爲常而不察者推此亦多矣而人不以爲異悲夫甚愛其論後乃得之於晁以道客語中故謹書之益廣其傳

得意失意詩

舊傳有詩四句誦世人得意者云久旱逢甘雨他鄉

兒故知洞房花燭夜金榜挂名時好事者續以失意四句曰寡婦携兒泣將軍被敵擒失恩宮女面下第舉人心此二詩可喜可悲之狀極矣

唐詩戲語

士人於棋酒間好稱引戲語以助譚笑大抵皆唐人詩後生多不知所從出漫識所記憶者於此公道世間惟白髮貴人頭上不曾饒杜牧送隱者詩也因過竹院逢僧話又得浮生半日閑李涉詩也只恐爲僧僧不了爲僧得了盡輸僧啼得血流無用處不如緘

口過殘春杜荀鶴詩也數聲風笛離亭晚君向瀟湘我向秦鄭谷詩也今朝有酒今朝醉明日愁來明日愁勸君不用分明語語得分明出轉難自家飛絮猶無定爭解垂絲絆路人明年更有新條在撓亂春風卒未休采得百花成蜜後不知辛苦為誰甜羅隱詩也高駢在西川築城禦蠻朝廷疑之徙鎮荊南作聽箏詩以見意曰昨夜箏聲響碧空宮商信任往來風依稀似曲才堪聽又被吹將別調中今人亦好引此

五俗字

書字有俗體一律不可復改者如沖涼況減決五字悉以水爲冫筆陵切與冰同雖士人札翰亦然玉篇正收入於水部中而冫部之末亦存之而皆注云俗乃知由來久矣唐張參五經文字亦以爲訛

烏頭白

今人喻事之難濟有老鴉頭白之說觀燕太子丹質於秦欲求歸秦王曰烏頭白馬生角乃可事見風俗通論衡是以曹子建詩曰子丹西質秦烏頭馬角生鮑照詩曰潔誠洗志朝暮年烏白馬角寧足言太史

公但云天雨粟馬生角

一丁

今文人多用不識一丁字祖唐書挽兩石弓不如識一丁字出處考之乃个字非丁字按續世說書此个字蓋个與丁相公傳寫誤焉後又觀張翠微考異亦謂个字乃知世說之言爲信又觀蜀志南史皆有所識不過十字之語世通謂王平所識僅通十字恐是十字亦未可知十與丁字又相似其文亦有據也此與淮南子言宋景公熒惑徙三金之謬同史記謂三

杜撰

包彈對杜撰爲甚的包拯爲臺官嚴毅不恕朝列有過必須彈擊故言事無瑕疵者曰沒包彈杜默撰詩多不合律故言事不合格者爲杜撰世言杜撰包彈本此然又觀俗有杜田杜園之說杜之云者猶言假耳如言自釀薄酒則曰杜酒子美詩有杜酒偏勞勸之句子美之意蓋指杜康意與事適相符合有如此者此正與杜撰之說同湘山野錄載盛文肅公撰文

節神道碑石參政中立急問曰誰撰盛卒曰度撰滿堂大笑文肅在杜默之前又知杜撰之說其來久矣

一頓

漫錄曰食可以言頓世說羅友曰欲乞一頓食余謂頓字豈惟食可用如前漢書一頓而成是言事也唐書打汝一頓是言杖也晉書一時頓有兩玉人是言人也宋明帝王忱嗜酒時以大飲為上頓是言飲也豈獨食哉續釋常談引世說以證一頓二字出處不知二字已見前漢書矣

乜刺

乜刺虜最醜惡北人詆婦女之不正者曰乜刺國

利市

利市之說世俗皆然其實六經中已有此字易說卦巽爲利市三倍

老物

俗斥年長者爲老物實非惡語人亦物也故曰人物況六經中已有之周禮籥祭章祭蜡以息老物

私科子

雞雛所乳曰窠卽科也晏子春秋殺科雛者不出三月葢言官妓出科私娼不出科如乳雞也又老妓名鴇子一作鴇似大雁無後趾虎文性羣居俗呼獨豹老妓似之

不中用

俚談以不可用爲不中用自晉時已有此語左傳成二年郤子曰克於先大夫無能爲役杜預註不中用爲之役使

放手鬆

今言官府貪汙失操守者曰放手鬆後漢書殘吏放手蓋以貪縱爲非者曰放手也又錢財入手曰敞手蓋言如蚍狗之咬手而不可放脫也其過付官吏贓者曰統手蓋言內外一體如猿猴之統臂也

籠街

令之喝道即籠街也唐時言中丞呵止不半坊令兩坊詔傳呼不得過三百步

俗考終

語怪

吳　祝允明著　　武林朱煒閱

重書走無常

酆都走無常事二編已書之後以問邑博熊君君即酆都人也言之甚悉葢彼中以此爲常或人行道路間或負擔任物忽擲跳數四便仆於地冥然如死途人家屬但聚觀以伺之或六時或竟日甚或越宿必自甦不復驚異救治也比其甦扣之則多以勾攝葢冥府追逮繁冗時鬼吏不足則取諸人間令攝鬼卒

承牒行事事訖卽還或有搬運負戴之役亦然皆名走無常無時無之實德永樂間年歲未的有江西尤和以進士來爲酆都令下車左右請謁酆都觀觀在酆都山居邑外且山勢穹巍岑遠草木蔚密觀莫其陽殊極雄偉觀之後山陰復有山殿之其境益幽詭叢灌蔽翳人迹罕到中亦有宮宇則所謂北陰也其下卽大獄凡鄉之禱祀者必之前觀香火極盛而凡仕於彼者初蒞政亦必虔謁與社稷城隍等耳尤和初至聞衆請崖然曰烏有是哉吾久聞此語今來當官政

欲除之以息從前愚惑尚有於謁禱邪然固當一往視之然後毀除即命駕以往初見山門崇煥已怒比人危級甚遥入中門廣庭脩廡堂殿宏麗尤畧無瞻揖之儀傲睨四顧及後室從宇皆視之遍返駕言何當命工悉去之及至縣亦無他明晨方治事忽身畔一門子跌仆於公座下倚其轅而僵尤蹴開顧左右應是卒死舁之去左右告非卒死此走無常也尤大怒何復為此誑語邪吾固曰嘗殛此風妄云云者應加以重罰而復敢爾邪左右言明公姑從衆仟之當

自起問之可驗苟爲不然一移動則卽死矣奈何尤令喚其父母來語之故父母皆懇曰望公姑任之伺渠必自歸倘移之必死矣尤因任之越二日夜尤方坐童忽欠伸長吁如夢覺者徐徐而起神觀爽然尤問之童言向從公歸方執事忽走無常姑回耶尤曰其詳奈何曰初爲冥官召去言爾可往江西某邑里攝尤睦文牒已具卽持之行至彼見尤家得之守門外二日始得入尤問之大驚蓋睦卽其弟也因扣其室廬何似童述之卽其家也尤曰何以二日方入耶

曰其家有犬瘈惡不能前屢入屢爲犬噬輒退後乘間得入耳尤思之果有瘈犬曰所攝者何如人曰郎尤睢秀才也其貌爾爾語至是尤不覺慘沮知爲其弟審矣因曰今則何如曰隨巴攝逮同趨徑歸於鄷都矣曰然則奈何曰既至後不與我事即併我返然頗聞睢當得重辟不可生矣尤聞之大慟急命人訊於家得報睢果以是日暴亡尤乃入觀醮謝且欲加整飾宫觀以致皈依之誠視其屋事事完備巳窮壯麗特其外無坊表之建棹楔表於門外大道而稍飾

諸暗弊處復自製文紀其事鑱之石立觀中以示來信今猶存焉

蠱哥

蠱哥事海內傳誦殆百年矣景泰天順間日溢于耳邇年多不信之然間見猶繁不勝登載亦有言其巳泯或言其本由假託者然謂其散泯有之盡以為僞恐不然予兒時則聞諸先人等且其物為性最軟媚往往與人纏綿締結託為友朋昔景泰中有雲間張璞廷采成化間有吾鄉韓彥哲皆與交密張仕山右

一學職爲先公言曩入京師識之設酒對酌坐間爲張至家探耗頃刻已來言其居室之詳及所見其家人聞何語言見何動作報以無恙張筆於籍後按驗之無錙銖爽也頗與張言其身事謂在唐時與二輩同歸學仙處山中甚久師後以二丹令餌之戒餌後無入水既各呑之皆躁其腑臟若烈焰燒炙彼不能忍竟入水浴即死予則堅忍後復自凉乃獲成道迄今當時張備其言領畧其意彷彿似謂其師乃呂公而二物者似一猴一鹿已則猴也韓初以歲貢赴銓

時祈兆於彼得驗且言韓當宦游其地後韓果得同
知德州與之相去不遠每事必諏之無不響荅其所
處在曾橋關旁民家一室不甚弘密外設香火帷幕
其內凡荅祈者自帷中言聲比嬰兒尤微殆類鼇蠅
稱人每尊重仕者爲大人舉子爲進士公士庶或曰
官人大率甚謙遜而善媚往往先索取土宜禮物指
而言之或辭以無則曰其物在某箱篋某包襆有若
干分幾以惠何不可也往往皆然故人輒驚異奉之
至語禍福或不盡驗或曰其物巳往今某家造僞耳

益初降時因其家一婦人凡飲食動靜皆婦密事之與之甚昵非此婦不語食或謂亦淫之蠱似亦有採取之說此婦沒後家仍以婦繼之然不知其眞也又聞之先朝因旱潦嘗令巡撫臣下有司迎入京師託之淅穰其物亦處于驛舫比至京不肯入城强之不從因問旣來何不一入覲天顏荅云禁中獒狗異常我不可入竟默然歸人以是益疑爲猴狐之類云

神譴淫男女

往年兖州有人家贅壻與其妻妹私通事頗露二人

屢自分疏既而語家人吾二人不能自明當共詣岱頂質諸天齊帝遂與俱去告于神吾二人果有私乞神明加誅殛訖下山各以爲謗衆而已神罔何知行至山半趨林薄僻處行淫焉久而不歸家人登山覓之始得於林則皆死矣而其二陰根交接粘著不解方知神譴之以示衆也

長安街鬼

弘治中妻父李公貞伯爲南京尚寶卿居西長安街南嘗半夜命侍婢秉燭下樓入爨室取湯水聞婢呼

喚聲良久姑來問之云有二皂隸青衣攔喝謂汝何敢來此觸犯應受杖去遂執之將撻婢罔推拒久之竈後一婦人出貌甚端好冠飾衣服莊嚴珍麗狀若貴嬪命婦徐徐而坐二皂供侍婦問故皂言婢犯禁故婦曰罪固應爾姑惟宥之皂執不可婦又諄諭婦旁叱隸一皂傳命令必釋二皂乃聽命舍去婦不暇謫察得脫奔迸而來矣

捉鬼巫

北濠之東有一巫人呼爲某捉鬼嘗爲人送鬼自持

呪前行令一童擔羮飯香燭紙錢從之旣行童覺擔漸重愈前愈重至不能任巫乃令置之地取紙燒之以驗見紙上黑氣一道卓然如立巫曰此寃鬼難治與童皆怖甚舍擔疾趨而前鬼奔逐之至前轉角三家村巫大叫一家出救扶歸其家旣而與童皆死

前世娘

宣府都指揮胡縉有妾死後八十里外民家產一女生便言我胡指揮二室也可喚吾家人來其家來告胡不信令二僕往女見僕遽呼名言汝輩來何用請

主翁來僕返命胡猶不信更命二婢事妾者往婢至女又呼之言生前事令必請主翁來婢歸言之胡乃自往女見胡喜言官人汝來甚好因道前身事胡即抱女於懷女附耳切切密言舊事胡不覺淚下頓足悲傷與叙委曲女又言家有某物瘗某地胡遂取女歸女益呼諸子諸婦家人一一慰諭從而發地悉得其貨因呼之爲前世娘女言幽冥間事與世所傳無異又言死者須飲迷魂湯我方飲時爲一犬過踣而失湯遂不飲而過是以記憶了了既長胡將以嫁人

女不肯言當從佛法終身不嫁胡不能强既至十六七胡以事死既而子死家人皆死惟一二婦女在不能活乃強嫁之今安然纔二十餘歲耳

福菩薩

東海傍人有步於海濱者得一初生孩意爲私産所棄巳且無子漫取歸畀其妻畜之兒無他異弟合眼不開久之以爲盲其人曰雖無目吾既取之不忍復棄之死地比長不肯食葷誦佛經號出家僧行甚高遠近投禮號福菩薩至高年乃坐而命其徒告以將

逝復集衆叅禮師即口吐三昧火漸出次七竅中出
火以自焚焉

鬼治家

海虞有民家主母死而不離其家凡家有所爲鬼語
於空中謹從之每有利益鬼日夕在室與人雜處第
不見其形闇則言明則寂一夕其女婦試言宿火于
缶伺其言而啓燭之既而復語婦急發火第見黑氣
一道直起三四尺其上彷彿如人首逶遲行去

常熟女遇鬼

常熟一中人之女已有家適歸寧父母步行衢中旣而復歸夫家道遇一綠衣少年尾之行甚久稍漸近闞其女因肆目挑女微睨之亦動心目應之旣而轉比密遂呼女相期爲私女諾之少年言汝入門勿見舅姑與夫可託暴疾遽入房我當隨以入女又諾之旣入門聲疾痛逕趨內寢少年已躡踵而入矣隨閉戶裸衣而交交旣少年卽去不見女亦不省何從而出也乃起粧束出房猶誑瞞之而外已窺其所爲矣抑之始諱旣而少年屢至女不能拒亦不能復諱家

人畜之知爲妖亦無以卻之試令需索貨物無不應手而得如是還往數歲踪迹漸稀女竟無他今猶安好年四十五矣不知後終何如時弘治末所聞也

桃園女鬼

嚴州東門外有桃園叢葬處也園中種桃四繚周墉弘治中有一少年元夕觀燈而歸行繞園傍偶舉首見一少女倚墻頭露半體容色絶美俯視少年略不隱避少年略一顧亦不爲意舍之行前遇一人偕行少年乃衛兵餘丁其人亦同輩也且行且縱話其人

問少年婚乎曰未曰今幾歲曰十九矣又告以時日八字久之至岐路同輩别而他之少年獨行夜漸深行人亦稀稍聞後有步履聲回視卽墻頭女也正相逐而來少年驚問之女言我平日政自識爾爾自忘之今日見爾獨歸故特相從且將同歸爾家謀一宵之歡爾何以驚爲少年曰汝何自知吾女因道其小名生誕家事之詳皆不謬蓋適尾其同輩行得之諸其口出也少年聞之信便已迷惑偕行至家其家有翁嫗居一室子獨寢一房始出時自鑰其戶逮歸不

與翁媪自啓其寢則女巳在室中坐矣亦不寤其何以先在也燈下諦視之殊倍嫵媚新粧濃艷衣飾亦極鮮華皆綺羅盛服也翁媪巳寢子將往爨室取飲食女言無須往我巳挈之來矣即從案上取一盒子啓之中有熟鷄魚肉之類及温酒取而共飲食之其殽胾猶熱也喫巳就寢女解衣内外皆嶄然新製乃與之合猶處子爾將黎明自去少年固不知其何人也迨夜復至與之飲食寢合如昨既而無夕不至稍久之密鄰聞其語笑聲潛窺見之語翁媪云而子必

誘致良家子與居後竟當露禍及二老奈何翁嫗因候夜同往而覘之果見女在翁嫗愛子甚不驚之明日呼子語之故戒諭之曰吾不忍聞于官令汝獲罪汝宜速拒絶之不然與其惜汝而累吾二老人嘗恐情執以聞矣子不敢諱備述前因然雖心欲絶之而牵戀不忍且彼亦徑自至無由可斷女知之殊不畏避翁嫗無如之何復謀諸鄰鄰勸翁首諸官翁從之展轉達於郡守李君守召子來不伺訊鞫即自承伏云云然不知其姓屬居址也守思之殆是妖祟非人

也不下刑箠教其子令以長線綴其衣明日驗之子受教歸比夜入室女已先在迎謂曰汝何忽欲綴吾衣邪袖中鍼線速與我子不能奪即付之翌日復於守守曰今夕當以剪刀斷其裾子之剪歸女復迎接怒曰奈何又欲剪吾衣裾速付剪來吾姑貸汝子亟予之又復丁守守怒立命民兵數人往擒之兵將近其家女已在室知之時方晴皎忽大雨作衆不可前乃返命于守守益怒命一徤邑丞帥兵數十往以取之女亦在室丞兵將至忽大雷電雨飊盆而下雷火

轟掣、殊不能進亦回返以告守曰然則任之、呼子問曰女之姿貌果何似衣裳何綵色子具言如是如是、其外內裳袂一一皆是紵綵、悉漸裁製也、每寢解衣堆積甚多而前後只此終未嘗更易一件其間一青比甲密著其體不甚解脫即脫之與一槲黃袴同置衾畔不暫舍也守曰爾去此後第接之如常時吾自有所處、子去時通判某在座守顧判曰吾有一語欲語公恐、公怒耳、判曰何如守沉吟久之曰此人所遇之女、殆或是公愛息小姐者乎、判大怒言公何見侮

之甚吾縱不肯公同寅也吾家有此等事邪公亦何
乖繆如是守但笑謝言公試歸問諸夫人判愈怒幾
欲罵之遽起入內急呼妻罵守言吾爲老畜所辱乃
敢道此語云云妻扣其詳判言老畜先問後生聞其
言女容貌衣飾如此乃顧謂我云爾妻驚曰君姑勿
怒或者果是吾家大姐乎蓋判有長女未笄而殞攢
諸桃園中其容色衣飾良是也判意少解出語守吾
妻云云其當是吾女邪守曰向有之月幽明異途公
何以怒爲第願公勿恤之任吾裁治可耳判亦姑應

之旣而無所施設女來如故又久之有巡鹽御史按部事竣而去郡集弓兵二百輩護行守與羣僚皆送之野御史去守逐兵當散去守命勿散從吾行且迂道從東門以歸至桃園守駐車麾兵悉入園卽命發判女冢視之女棺之前有一竅如指大四圍瑩滑若有物久出入者卽斲棺視女貌如生因舉而焚之蓋守知女鬼已能神故寢其事乘其不知而忽舉鬼果不能禦也守恐鬼氣侵子深或復來纏嬲召入郡中令守郡祭與同役者直宿三月無恙乃釋之其怪遂

絶後子亦竟無他事在弘治中也

横林查老

毘陵之北地曰横林有查老者居之年踰五十而死死後竟歸於家不見其形但空中言語其音即查之素也凡家事巨細一一豫言之某當行某當止點檢門戶什器失物則指其人姓名及物所在是以貨殖獲利爲事不誤而無失物之處家因以致富外人過謁者亦聞其言至於設宴邀賓亦陳一席於主位以爲查席仍聞查言勸酒留客等了了分明久之人亦

不爲異也如是及三年一日語家人曰我今去矣遂泯

濟瀆貸銀

濟瀆祠相傳神通人假貸前後事不一漫誌其槩一二祠有大池凡欲假金者禱於神以珓決之神許則以契券投池中良久有銀浮出如其數貸者持去貿易利市加倍如期具子本祭謝而投之銀沒而原浮其券如人間式亦有中保之人若神不許則擲券入水頃之券復浮還牛馬百物皆可假借投之復出故

不死也嘗有不能償者舍其兒以盒子盛之投入俄頃盒浮起視之兒活於中無恙益神鑒其誠閔而貸其債也盒外濕而內中故乾其他類此故多

水寶

弘治中有回回入貢道山西某地經行山下見居民男女競汲山下一池回回駐行謂伴者吾欲買此泉可往與居人商評伴者漫往語民言烏有此買水何庸且何以携去回回言汝毋計我事第請言價民笑漫言須十金回回曰諾立與之衆曰戲耳須二十金

回回曰諾即益之民曰戲耳烏有賣理回回怒將相擊民懼乃聞於縣縣令亦令紿之曰是須三千金回回曰諾即益之令又反復言四千以至五千回回亦益之令亦懼以白於府府守令語之此直戲耳回回大怒言此豈戲事汝官府皆許我我以此已逗留數日今悉以貢物充價汝尚拒我我當與決戰即提兵相向守不得已許之回回即取椎鑿循泉破山人深穴得泉源乃天生一石池水從中出即昇出將去守令問事既成無番變試問此何物邪回回言若等知天

下寶有幾衆曰不知囘囘曰金貝珠玉萬寶皆虛天下唯二寶耳水火是也假令無二寶人能活邪二寶自有之火寶猶易惟水寶不可得此是也凡用汲者竭而復盈雖三軍萬衆城邑國都只用以給終無竭時語畢欣欣持之以往

兩身兒

弘治末太倉民家生兒兩身背相粘著兩面向外其首如雀其陰皆雄

語怪終

異林

吳　徐禎卿著　武林朱煒閱

九仙神

閩中仙遊縣有九仙山其神靈異能知人間未然之事人或禱請輒於夢中開示形兆始雖莫測事往而推無不徵驗神道顯秘莫可彈結予所最徵實者吾鄉衡山文太守吳邑都庫部太倉州周二牧皆親詳其事故疏之云

文太守宗儒分符溫州未期遣人祈問壽算夢者見

一人謂之曰往山下當有優人作戲汝可觀之夢者
曰太守令我祈問壽算耳其人荅云有孔老人還自
問之言訖而去詠至山下遇有丹旐引喪而來果有
羣優裝著絲衣蹁躚轝前後鼓樂導從賔客無不鮮
盛夢者前致詞云今日送葬當是何人有何官職而
若是乎荅者曰吾鄉王太守死今當臨穴是以相送
耳夢者驚寤自謂不祥乃隱此事不敢陳說徑白太
守云蒙遣祈問一無荅但令問孔老人當自知之太
守即便搜訪果有此人昨被差遣將一大木付匠裁

鋸即召而問之曰汝計此合鋸幾何對曰已就鋸矣曰即計木板當得幾何對曰合得五十有六中腐其一數不得全耳太守怒曰木材如此何止此數便可經營復令益之對曰數已定矣復何及乎太守時年五十有五聞老人言不覺驚汗果及數乃疽發而卒

都庫部玄敬少貧病不得志嘗識一黃生閩中人也會遊吳門一日告歸因相語曰九仙山在吾境上其神靈驗子今坎坷吾當代卜即見役也玄敬喜諾即具手䟽陳述其意贈以裹糧生遂辭去至祠所焚香

祈禱具白緣由夢入一室中見兩壁上倒懸二軸各
書三大字曰在何處嵯峨高生未省諭沉吟再三忽
有一人曰子何必疑彼將自知後來吳中具以事白
玄敬不悟遍訪識者並不詳曉弘治甲寅年何中丞
鑑來巡撫江南偶見都文深蒙獎嘆往往薦揚自是
知名郡縣大夫爭相引拔次年大比林御史塘即錄
送試院有高士達者山西人也為山東武定州學官
來校文事閱玄敬文甚加稱賞遂獲中選其夢始著
然嵯峨字義猶未解或曰二字上並有山文高本貫

山西又仕山東兩山字義亦甚明白何云不解其徵或然今何公爲南大司馬玄敬爲庫部其言益驗矣周其閩人也爲常山縣學官仕既不達又復無子以是怏怏求禱於神卽夢一大舟舟尾上有二人坐舟中載一棺以繩纏縛甚堅既得此夢未審云何或曰舟中著棺當是州官船尾二人卽是舟子始大暢悅後果爲太倉州二牧生二子果如其占矣

異八

雷蓬頭者名太雲不知何許人也少爲書生好道術

入沙門游又棄而學仙成化闔居太和山中敝衣蓬首行若飄雲人或於山下見之或失所在舉頭望之邈在高崖雲霧中相距萬仞或二三十里許或時假寐一室扃闔如故身已在他處山上祠宮咸因鎖鑰每雞鳴諸山法鐘遠近俱發道士驚起曰雷仙人入宮矣荊王求見之固請曰側聞神仙之名久矣願乞片言雲曰寸丐人也何足以語仙王曰汝年幾何矣曰雲半歲王曰汝何許人雲曰南州生建康長廣東編戶遼東應役王懣然不悅曰今日幸奉至人願乞

道術雲怒曰吾非俳優何術可施遂大相詆訾王不勝怒寄遣人縶之噀以狗血遂裹以葦令厭之桎梏置獄欲殺之夜半忽不見成化末不知所終

福州安翁者以市酤爲業常有道人沽飲輒去不償直翁亦不責久之道人來會翁曰良意久不酬今幸枉過乞遂偕行翁許之須臾至一山下草菴中戚賓主畢道人曰有一道友去此甚近亦有仙術僕往邀請共君相娛可乎翁喜諾道人遂去久不來翁且餓顧室中蕭然無供具惟破釜在壁下餘飯可升許仰

視屋梁上懸橘數顆壁上張畫梅一軸翁不勝餒取釜中飯食訖道人適至曰道侶不遇無以為款不陋貧居可遂留數日耳翁懇辭道人再三曰煩君遠臨無以相贈奈何翁曰可擬壁間畫耳道人曰此吾道友之物奈何與君君既相愛吾當搨之耳既覆之以手拭之宛然如畫因題其上曰為買東平酒一卮邀來相會話仙機。壺天有路容人到凡骨無緣化鶴飛。莫道炯侵愁縹緲。好將家國認希夷。可憐寂寞空歸去。休向紅塵說是非。翁持此遂別迷道不知所向問

野中人曰福州離此四日程耳翁始悟遇仙悵怏而歸翁後以壽終于家云

吕疙瘩者不詳其名里成化間嘗游於襄鄧河洛之間冬則卧雪夏則被褐奸狎兒童且詬且詈競爲之結小髻毎搖首則髮理如櫛復爲結之如螺然滿頭時人呼爲疙瘩一日履江水上江畔一婦人方晨汲見之曰吕公若能行水耶吕怒取其杖笞之復履江去弘治己未相傳於隴右白日上昇而去

張皮雀者名道修少從其父參議江西時毎聞道院

鍾鼓笙磬之音輒往觀焉父不能禁後還吳中爲道士師事胡風子胡風子師事莫月鼎授五雷法居玄妙觀弟子甚衆欲密授道修以書置屋上覆甕中呼道修曰天將雨亟升屋取隙補之道修如其言往胡公曰得乎道修應曰得之矣於是始得秘訣驅風雷如神常懷一皮雀卵小兒每出則小兒羣逐之故時人謂之張皮雀好飲酒食狗肉常有病瘧者求治會方啖狗肉遂以汁濡作符以授之曰謹握之及家而後啓其人易之曰何物能治疾邪中途竊視之忽有

神人怒撻之幾絶一日行道中見一人責之曰汝婦將死盍返視邪入寢中婦果自縊忽絶而甦天亢旱太守朱勝求禱道修曰儒輩毋毁我欲雨設壇於學宫太守不可然不得已遂强設于里塾又令黄冠輩之以行命置水於兩廡間呼羣兒侍諸笑滿前毋作符遣一兒投水中則雲氣生其上翕合雷電轟烈大雨如注道修大呼曰請誅貪吏諸吏跪伏莫敢仰視良久曰沾足乎衆曰然雨乃止江陰旱富民周氏請禱道修往視囷廩甚侈怒曰彼固求福巳耳且爲之

禱雷雨大作道修曰彼爲富不仁請焚其廩火繞其廬焚之幾盡吳江旱王道會者禱之雨已作道修曰王道會亦禱雨乎今日邂逅誠幸相角法術何如衆驩然建兩壇道修謂道會曰左右何居道會觀東郊已雲遂卽左道修在右有頃雲歸于西東望皎然雨忽大注道會大慚神驗甚衆不可測也居常忤兒意毋受箠不走但呼大宿世大宿世以壽終翌旦人於松陵長橋上見之

趙頭陀成化間吳中有喫肉和尚自言從終南山來

問其姓名荅云是趙頭陀往來僧居不假寢榻常坐於廊廡之間身着弊衲不易寒暑性好餔餟無所去擇食如燎毛飲若塡壑人莫見其溲溺故呼爲喫肉和尚毎見輒曰可作一齋爾後供者漸不能繼或絶口累日亦復晏然有一少年惡其無厭欲試苦之值大寒月邀請入舍乃欵以餘庖羊脂雜物凝貯盂中曰和尚食肉即舉下張口瞬息噉盡又將取水數升與之曰和尚渴乎便復吸水遽足秦秫飯曰和尚飯乎即飽飫一頓不謝而去亦無所苦嘗趺坐道上有

一縣吏呵導而來儼然不動吏怒命撥去鞭笞一十亦無嗔愧萍於故處還復安坐人皆笑之有高媪者時造其家輒具食一日忽來呼媪曰我欲行矣不爲他人作取檀越意在相報遂端坐簷下夜半而化晨有羣僧舉之而去閭巷男女聞有此事競來觀看投錢萬計媪意始解丹陽都玄敬博識士也嘗摩其顱門間徑二寸虛通如穴光朗異常竟莫測其爲何如人也

張刺達者相傳是宋時人爲華州掾嘗從州太守入

華山謁陳摶先生先生叙賓主就坐訖復設榻于左似有所伺太守不之悟已而一道人至藍袍葛巾蕭如也先生與之揖而坐焉道人趨而左據榻端坐傲然無遜容太守不悦先生事之甚恭因請曰先生袖中携有何物幸以相貺道人即探出棗三枚顔色各異乃以白者授陳先生赤者自吞食之青者投太守太守愈不悦持以奉掾掾遂啖之道人遽出太守問於先生曰是何道者先生固爲恭乎先生曰此純陽眞人也太守悔恨追不能及張公自後得道國初時

往往遊人間每顯異迹　太宗時開邸北平嘗召見之語有神異及即位思慕甚篤遣胡尚書濙遍游嶽間求訪之後于秦中邂逅宣述聖意企仰道眞乞廻鶴馭以慰睿望張公曰謹奉詔但道遠日久公先就駕予當繼至耳既而胡方入朝張公果至帝延入問之曰何爲是道曰能食能糞此即是道帝不悅曰卿有仙術爲朕試之以爲榮觀不亦可乎張公遣侍豎舁一甕來即指之曰臣欲入此以觀造化即投足縮首頃刻不見呼之則諸視之無形帝命擊破之使人

各持破甕一片呼之如月印水在在俱足隨呼而應莫知所爲帝曰卿可試出言訖張公忽在前帝曰卿可更窮造化之道張公曰諾即走入柱中呼之復出帝嘆曰妙哉張卿出幽入冥其至神乎張公復取水噀於中庭須臾變成巨川闊岸沙際横一渡舟張公舉手招之舟忽近人遂登舟去不知所之尋視庭際了無波痕後帝患疾食不下始悟張公之言嘆曰張公其能鏡余之死生矣先是張公以草一莖授胡公曰異日陛下若有危疾以此療之於是帝服之果瘥

藝術

胡宏字任之寧波人少讀易遇一道人與語曰我有秘術子可受之但不營仕乃可免禍耳宏曰謹奉教遂以卜筮授之發無不中有卜者每聞宏作卦輒從鄰壁中聽之其說皆按易占無詭辭後知之遂不說易但言貞咎而已有一人家暴富心疑之宏爲設卦曰家有貍奴走入室是其祥也曰然曰貍形必大可稱之得幾斤曰七斤許曰富及七載貍奴嘗去何能久也及期貍果去不見家貧如初一人家夜有屍撐

于門莫知爲誰主人懼不敢啓扃踰垣而逃卜於宏宏曰有府胥姓某者往求之訟可解矣主人往索果得其人懇乞再三曰誠不敢諱是子某親非有宿嫌求棺耳召其子遺以金帛禍乃解嘗經吳閶門都彦容家將戒舟有唐貢士者偕其友三人來宏曰公等何爲曰行藏未卜幸先生教之曰草草不暇行當總筮之卦成宏折而論之曰某君勿行當有疾厄某君中乙科唐君後必爲御史後悉如其言平生占驗甚多每筮一卦則受金半兩以壽終於家

葛可久吳人也性豪爽好博少遇異人授以醫術不事方書中輒神異道有狂犬可久謂人曰誰當擒之即可療惡少果環執之可久砭其脊犬臥良久差有羣少戲里中望見可久一少年從牖躍入室曰召可久診視之不驗則羣躁之强可久可久診之曰腸已斷矣當立死耳有頃少年果死朱彦脩嘗治浙中一女子瘵且愈頰上兩丹點不滅彦脩技窮謂主人曰須吳中葛公耳然其人雄邁不羈非子所致也吾遺書往彼必來主人悅具供帳舟楫以迎使至葛公方

輿衆搏大叫使者倏立中庭葛公瞪目視之曰爾何
爲者使者奉牘跪上之葛公省書不謝客行亦不送
舍遂登舟比至彥脩語其故出女子視之可久曰法
當刺兩乳主人難之可久曰請覆以衣援針刺之應
手而滅主人贈遺甚豐可久笑曰吾爲朱先生來豈
責爾報邪悉置不受江浙行省左丞某者患瘵疾彥
脩曰按法不治可久曰尚可刺彥脩曰雖可刺僅舉
體半耳亦無濟也家人固請遂刺之卒如彥脩言彥
脩且計日促之行曰當及家而絕已而果然二子治

驗並顯

夢徵

楊中丞一清居京師時其友王溥武昌人也計偕而來寓同旅舍禮試已畢比將徹闈中丞夜夢入府院中左右文書狼籍滿案有一文秩卽啓視之乃試錄展覽始未悉便記憶既覺卽與溥言曰公等成敗吾已卜矣溥戲詰之具白其故溥曰當有溥名否曰無也曰武昌一郡當得幾人曰合有二標一在通城一在江夏溥曰誰爲第一曰當是吳人又問其次曰海

南丘公雅所稱賞是其人也溥曰頗憶其文乎便了了誦之一無遺脱且曰曩論式唯是一篇今歲文場當有聯壁溥笑曰公言若驗可謂通神既而溥果下第第一人乃是松陵趙寬廉使其次郎令孫光祿交蓋丘公門士也謂二標者通城劉紹玄江夏許節檢閱文錄得論二篇其他記誦不爽豕亥溥大驚異知公非常人矣又明年溥始登第尋亦仕爲南康太守

飲客

曾公檗偉儀雄幹善飲喜啖人莫測其量張英國輔

欲試之密使人圖其腹作紙俑置廳事後命蒼頭視公飲飲幾許如器注俑中乃邀公飲竟日俑已溢別注甕中又溢公神色不動夜半英國具轝從送歸第屬使者善侍之意公必醉坐伺使者返命公歸亟呼家人設酒勞轝隸公取觴復大酌隸皆醉公方就寢英國聞之大驚

史百戶者性嗜飲晝夜沉醉不少醒嘗日謁上官上官與之語懵然無所荅上官怒叱之曰汝醉邪其父聞之遂絶其飲久之病且作吳中名醫莫療有張致和者善深於脉理診之曰夜半當絶

勿復紛紛及期果欲絕其妻泣曰汝素嗜飲酒今死矣然久不得飲耶薦一杯與爾永訣死當無恨遂啓其齒以溫酒灌之須臾鼻竅綿綿若有息焉又灌之而唇動又灌之而漸甦以報致和致和曰彼以酒爲生酒絕則生絕慎勿藥之當飲以醇酒耳如其言果愈又飲數年乃終

女士

沈氏秀州人聰慧能屬文少選入宮爲給事中孝宗皇帝嘗試六宮守宮論沈文最佳其發端云甚矣秦

之無道也。官豈必守哉。上悅，擢爲第一。弟溥爲貢士就試春官，沈贈以詩云：自少辭家侍禁闈，人間天上兩依稀。朝隨鳳輦趨青瑣，夕捧鸞書入紫薇。銀燭燒殘空有淚，玉釵敲斷竟無歸。年來望爾登金籍，同補山龍上衮衣。時競傳誦之。

孟淑卿，姑蘇人，訓導澄之女，有才辨，工詩，自以配不得志，號曰荆山居士。嘗論宋朱淑貞詩曰：作詩須脫胎化質，僧詩無香火氣乃佳，女子鉛粉亦然。朱生故有俗病，李易安可與語耳。爲士林所稱。然性踈朗不忌客世以此病之篇什甚富零落已多最傳者數篇悼亡詩云斑斑羅袖濕啼痕深恨無香使返魂荳蔻花開人不見一簾明月伴黄昏又春歸云落盡棠梨水拍堤淒淒芳草望中迷無情最是枝頭鳥不管人愁只管啼又長信秋詞末韻云君意一如秋節序不教芳草得長春冬詞末韻云雙蛾爭似庭前柳臘盡春來又放舒真欲與文姬羽仙輩爭長

朱氏海昌人過吳虎丘山題詩壁上云梵閣憑臨入紫霞憑欄極目渺無涯天連淮海三千里煙鎖吳城

十萬家南北舟航搖落日高低丘隴接平沙老僧不管興亡事安坐蒲團課法華

金陵妓者徐氏亦有文藻作春陰詩末韻云楊花厚處春陰薄清冷不勝单裌衣亦爲清唱

鮑賽賽辰州人年十五隨父耕畬歸遇虎攫父去賽賽操刀追之相持良久竟斃于虎又沅陵縣民吴永華女名六女年十三與姊入山采薇遇虎攫姊去六女操杖追之虎俯首閉目若伏罪狀姊乃脱竟殁太守聞而嘉之賞以米帛

物異

弘治甲寅遼東大風晝晦雨蟲滿地黑殼大如蠅次年乙卯長沙旱苦竹開花楓樹生李實黃連樹生王瓜苦蕒萊開蓮花七日而謝又歲丙辰三月敘州楠樹生蓮花五十餘朵李樹生豆莢若若滿枝

弘治甲子蘇州崇明縣民顧氏家鷄胎息一物猴頭餘悉如人狀長四寸許有尾蠕動而無聲是歲海盜作、

弘治庚戌歲武昌城中飛鴉銜一囊市人競逐之囊

墜啓視之火礫五枚欻然躍出是歲武昌災者三黃州災漢陽災

弘治辛酉元日朝邑地震如雷城宇摵落者五千三百餘所徧地竅發如甕口或裂長一二尋湧泉泛溢幾成川河迄望夕猶震搖不息人民逃散

弘治戊午夏六月十有一日姑蘇錢塘二郡川湖池沼水忽騰沸高可二三尺良久始復是歲溫州泰順縣左忽有一物横飛曳空狀如箕尾如箒色雜粉紫長數丈餘無首吼若沈雷從東北去修武縣東岳祠

北忽有黑氣聲如雷隱隱墮地村民李雲往視之得
温黑石一枚良久乃冷
鄒會爲蕭山令性苛暴有何御史者老于家會殺之
其子求爲報讐會嘗飲一玉杯甚愛之一夕置几上
杯忽自躍墮地而碎會惡之明日難作
想文無錫人弘治己酉秋赴應天試几上筆忽自躍
是歲魁榜第二人
弘治中滁陽民家牛產一麟初不爲異偶過廨宇見
壁上畫麟始大驚悟俗謂麟能茹鐵糞金遂以鐵灌

之而斃後獻其皮於鎮府鎮府貢于庭兩脇有甲毛從甲孔中出角栗形纔及犬大崇明民家于海中設網忽獲一獸如犬黑色置家池中善盜魚患之驅而入海行甚捷海水爲之披躍乃知爲犀也

異林終

記事珠

唐 馮贄纂 顧懋樊校閱

讀書數真珠以記

于授幼時家以綠真珠勝爲籤押授讀書數真珠以記日輙一遍

玉女進食

嵩高山下有石室名譔觴内有仙書無數昔之人方圓讀書于内玉女進以飲食

馬鬼錦韈

楊貴妃死之日馬嵬媼得錦袎襪一隻過過客一翫百錢前後獲錢無數

續骨膏

武帝以金彈彈烏破其白光琉璃馬鞍甚悔恨之李少君取續骨和稀膏接之映日而視初無損處

自然簾

徐福爲始皇作自然之簾懸于宮門始皇抱文珠置膝上其簾便下去之則簾自捲不事鈎也故又名不鈎

無字碑

趙崇凝重清介門無雜賓慕王濛劉真長之風也標格清峻不爲文章號曰無字碑

安石榴

李漢碎胡瑪瑙盤盛送王莒曰安石榴莒見之不疑既食乃覺

香尉

漢雍仲子進南海香物拜涪陽尉人謂之香尉

蒲桃髻

小兒髮初生爲小髻十數其父母爲兒女相勝之辭日漸桃髻十穗勝五穗

魚春出金釵

寶曆中酉陽人見釣魚師有魚臘貫黃文愛而買歸食至春上出金釵一隻長六寸

惜春御史

穆宗每宮中花開則以重頂帳蒙蔽欄檻置惜春御史掌之

麴部尚書

汝陽王璡取雲夢石甃泛春渠以置酒作金銀龜魚浮沉其中爲酌酒具自稱釀王兼麴部尚書

糠市

洛陽振德坊皆貧民側享糟糠之薄賀知章目爲糠市

碧落侍郎

沈羲爲仙人所迎見老君以金按玉盤賜之後授官爲碧落侍郎

獵蝎記室

盧記室多作脯腊夏則委人於十步肉扇上塗錫以撲蠅脯以青紗障隔塵土時人呼爲獵蠅記室

噴墨

班孟嚼墨一噴皆成字竟紙各有意義

九花虬

代宗時范陽貢馬額高九寸眞虬龍也身被五花紋號九花虬後以賜郭子儀

茗戰

建人謂鬭茶爲茗戰

温柔鄉

成帝謂合德爲温柔鄉曰吾老是鄉柔不能效武帝求白雲鄉也

狐穴詩人

唐末有喬子曠者能詩喜用僻事時人謂之狐穴詩人

寶井

范蠡收四方難得之貨或藏之井塹謂之寶井麗色溢於閨房謂之游宫

瓊厨金穴

光武皇后弟郭況家工冶之聲不絕人謂之郭氏之室不雨而雷東京謂況家爲瓊厨金穴

粧點芳草

午橋莊小兒坡茂草盈里晉公每使數羣羊散于坡上曰芳草多情賴此粧點也

貴家棋子

開成中貴家以紫檀心瑞龍腦爲棋子

桃花醋

唐世風俗貴重葫蘆醬桃花醋照水油

眉月如畫

馬援眉目如畫

忌日

齊世祖于南康郡作樂有絲無管空中聞有篪聲調節相應

鮫人淚

鮫人之淚圓者成明珠長者成玉筯

歌兩曲

絳樹一聲能歌兩曲二人相聽各聞一曲一字不亂人疑其一聲在鼻

沈約集

謝秘書平生不嗜書獨愛沈約集行立坐臥靡不諷詠

女郎請書

貞元中許商舟行湖中青衣邀及一府女郎請書江海賦碧玉硯銀水玻黎爲匣

恨不讀書

沈攸之晚好讀書手不釋卷嘗歎曰早知窮達有命
恨不十年讀書

聚芳圖百帶

宗測春遊山谷見奇花異草則係于帶上歸而圖其
形狀名聚芳圖百花帶人多效之

沈休文

沈休文多病六月猶綿帽溫爐食薑椒飯不爾則委
頓

鶴識字

衛濟川養六鶴日以粥飯啖之三年識字濟川檢書皆使鶴銜取之無差

梨花洗粧

洛陽梨花時人多携酒其下曰爲梨花洗粧或全買樹

怯夜幡

胡陽白壇寺幡刹日中有影月中無影不知何故因號怯夜幡

田水聲

淵明嘗聞田水聲倚杖久聽歎曰秫稻已秀翠色染人時剖胸襟一洗荆棘此水過吾師丈人矣

卧蛇

傳咸掌有卧蛇文指甲上隱起花草如雕刻是以文章過人

桃花紙

楊炎在中書後閣糊窗用桃花紙塗以氷油取其明甚

得意田

雲陽改氏值豐年則盡取金錢埋之九里皆滿曰有

得意田遂可棄無用金

一醉六日

張麟一醉六日嚙柱幾半

裙幄

長安士女游春野步遇名花則藉草而坐解裙四圍

遞繞如奕棊謂之裙幄

貯蘭蕙

王維以黃磁斗貯蘭蕙養以綺石累年彌盛

春草

白樂天有姬善舞名春草

犀如意

虞世南以犀如意爬癢久之歎曰妨吾聲律半工夫

洗筆

白傅每一詩輒洗其筆

杜蘭香

神女杜蘭香降張碩碩問禱何如香曰消摩自可愈疾淫祀無益

夢神

夢神曰趾離呼之而寢夢淸而吉

書倉

曹曾積石爲倉以藏書名曹氏書倉

長七寸

李子昂長七寸

自負書劒

凌倚隱衡山徃來自負書劒削竹爲擔褁以烏璮荷既死山僧取以供事

支琴

白傅用胡松節支琴

詩成裁寫紙

段九章詩成無紙就寫裁故紙連綴用之九章字惠

文

弄葫蘆成詩

王鈞好弄葫蘆每吟詠則注水於葫蘆已復注若擲

之於地則詩成矣

硯崙玉盞

宇文卓方執𢁉斝玉盞聽左丞檀超高譚不覺墜地

記事珠終

太平老人撰　黄省曾補校

天下第一

監書内酒端硯洛陽花建州茶蜀錦定甆浙漆吳紙晉銅西馬東絹契丹鞍夏國劍高麗祕色興化軍子魚福州荔眼温州掛臨江黄雀江陰縣河豚金山鹹豉簡寂觀苦筍東華門把鮓右兵福建出秀才大江以南士大夫江西湖外長老京師婦人皆爲天下第一他處雖效之終不及

三出

鳳州三出手柳酒宜州四出漆栗筆蜜

嶺南節

嶺南所重之節臘一伏二冬三年四

峽舟三字

川人雇舟出陝有三字新輕卓卓謂不攙客貨

京婦美陋

京師婦人美者謂之搭子陋者謂之七蓋搭子者女傍着子爲奸字七者謂其不成婦女也七字不成女

牢

二妙

蘇州兒越州女

四禁

中書四禁一曰漏泄二曰稽緩三曰遺失四曰忘誤

知酒法

知酒美惡法但以手扣其罏其聲清而長者其酒必佳聲重而短者其酒苦聲不響其酒必壞

老人十拗

老人有十拗白日頓睡夜間不交睫哭則無淚笑則泣下三十年前事總記得眼前事轉頭忘了喫肉肚裏無總在牙縫裏面白反黑髮反白

帶子之人

常言帶子之人性多毒忽戲之恐招悔吝如眼子欽子跛子之類是也

少見三兒

世間少見三兒謂麻面老兒禿髩凸肚乞兒

四事不可久

世間四事不可久恃春寒秋熱老健君寵

古所不及

章相言近世有古所不及者三事洛花建茶婦人脚

盜有三畏

盜者有常語曰不怕你鐵墻鐵壁只怕你惡犬健人

偷兒云夜入人家有三畏一畏有老人二畏有牙兒三畏乳犬如金銀物在大櫃有鐵鈕賊不能入

唐畿尉六道

唐畿尉有六道入御史爲佛道入評事爲仙道入赤

縣爲人道入畿丞爲苦海入縣令爲畜生道入判司爲餓鬼道

四妖

世有四妖宮殿高侈謂之土木之妖珠璣錦繡謂之服飾之妖洛中牡丹維揚芍藥謂之花妖婦人美色能文翰謂之人妖

仕宦三還

仕宦改官後有三還教官改秩作縣爲還俗職官後作縣爲還債作令了作縣爲還魂

四忌

人有四忌一日之忌暮無飽食一月之忌暮無大醉一歲之忌暮無遠行終身之忌暮無燃燭行房也

鷄有五德

鷄一名燭夜一名司晨有五德頭有冠象文足有距象武遇敵則鬭象勇得食相呼象義鳴不失時象信也

易爲美

婦人三上三中三下皆易爲人墻上馬上樓上旅中

醉中日中月下燭下簾下

仕宦五瘴

仕宦有五瘴急催暴斂剝下奉上名曰賦租之瘴深文以逞善惡不白名曰刑獄之瘴昏晨酣宴弛廢王事名曰飲食之瘴侵牟民利以實私儲名曰貪財之瘴盛畜侍妾以娛聲色名曰帷薄之瘴

五絕

漢篆晉字唐詩宋詞元曲

三賤

明州有三賤燒底賤着底賤喫底賤或問其故曰燒底是䅉草着底是草鞋喫底是鹽

三薦

有人嘲小邑市云茶店湯瓶不曾薦客店床上無蓆薦大街上好放薦

袖中錦終

祥叶鋪 · 一

王

義山雜纂

唐　李商隱著　趙文治閱

必不來

醉客逃席　客作偷物去　追王侯家人

把棒呼狗　窮措大喚妓女

不相稱

窮波斯　病醫人　不解飲弟子

屠家念經　社長乘涼轎　老翁入娼家

羞不出

新婦失禮　尼姑懷孕　相撲人面腫

富人作貧　處子犯物議　重孝醉酒

怕人知

匿人子女　犯人愛寵　透稅　賊贓

不嫌

饑得麤食　徒行得劣馬　行久得坐次

渴飲冷漿　行急得小船　遇雨得小屋

遲滯

新婦見客　窮漢醵率　貧家嫁娶

謁致仕官　孕婦行步

不得已

恐病飲酒　大暑赴會　掩意打兒女

流汗行禮　恐痛灼艾　爲妻罵愛寵

冒暑迎謁　老乞休致　窮寺院待客

相似

京官似冬瓜暗長　鴉似措大饑寒則吟

印似嬰兒常隨身　縣官似虎動則害人

尼姑似鼠入深處　燕似尼姑有伴方行

婢似猫煖處便住

不如不解

措大解音則廢業　婦人解詩則犯物議

僧解飲則犯戒　劣奴解識字則作過

子弟解燒煉則貧　士人解手藝則卑汚

惡不久

夫婦爭小事　罵愛寵

夫僚門客發怒　賊濫官打罵公人

姦汙僧尼駡行童

惱人

遇佳味脾家不和　終夜歡飲酒罇却空

方謁上官忽背癢　賭博方勝油盡難尋

淘井漢急尿尿　遣不去無頼窮親

失本體

不學發遺書題失子弟體

吊孝不哀失凶禮體

不收拾椀器家事口中不喃喃失老婢體

送客不出門失主人體

不關腰不持刀袩失厨子體

不點檢學生作課念書失先生體

不口打口罵失節級體

早晚不點檢門戶家私失家長體

僕子著鞋襪衣服寬長失僕子體

退廰後不傳語謝主人失賓客體

官小喏行步遲緩失武官體

隔壁聞語

說所送物好還麼必是不佳

新娶婦却道是前緣必是醜

說太公八十遇文王必是不達

說食祿有地必是差遣不好

說隨家豐儉必是待客不成禮數

說屋子住得恰好必是小狹

呪罵祖先必是家計不成

富貴相

駿馬嘶　蠟燭淚　果子皮　荔枝殼　落花飛

鶯燕語　讀書聲　遺下花鈿　高樓上吹笛

擣藥碾茶聲

謾人語

說風塵有情　說燒煉致富　說在官謀績

說主上見知　說所入莊課　說愛寵年紀小

窮縣說官清　自說勤苦讀書　誇說器皿價例

酸寒

山縣移市　村縣喝道　村縣待賓

騾鳴村中　村漢呼雞　村漢著新衣

牛背吹笛　乞兒驅儺　散樂打單枚鼓

不快意

鈍刀切物　破帆使風　樹陰遮景致

築墻遮山　花時無酒　暑月背風排筵

惶愧

犯人忌諱　遇見讐家　欠債不償逢主

參謁失禮　醒後聞醉語

殺風景

花間喝道　看花淚下　苔上鋪席

斫却垂楊　花下曬裩　游春重載

石筍繫馬　月下把火　妓筵說俗事

果園種菜　背山起樓　花架下養雞鴨

不忍聞

孤館猿啼　市井穢語　旅店秋砧聲

少婦哭夫　老人哭子　落第後喜鵲

乞兒夜號　居喪聞樂聲　纔及第便卒

虛度

花時多病　好時節亂追　閹宦娶美婦

貧家節日　好家業不和　貧家好花樹

好景不吟　好廳館不作會

不可過

夏月肥漢　入舍妻惡　遭貪酷上官

惡俗同僚　大暑涉長途　對麤人久坐

舟中雨漏　茅屋下穢濕　守令好尋事

難容

僧道對風塵笑語　僕人學措大體段

卑幼傲尊長　僕妾攙言語

武人村夫學書語

意想

冬月著碧衣似寒　夏月見紅似熱

入神廟若見鬼　腹大師尼似有孕

重幞下似有人　過屠家覺羶

見水心中涼　見梅齒軟

惡模樣

作客與人相爭罵　打毬墜馬

對大僚食嚥　僧尼新還俗

蓬土亂吽喚　撬奪人話柄
著鞋臥人床　未語先笑
作客踏翻臺卓　對丈人丈母唱豔曲
嚼殘魚肉置盤上　橫箸在羹椀上

不遠時宜

下賤人前談經史　向娼婦吟詩
認他高貴爲親　將主人酒食作人情
殘食還主人　將男女赴席
誇男女伎倆　獎男女嬌騃

進上包彈品味　强學時樣妝束

食後不起妨主人　問主人魚肉價

與寡婦認親往來　喫他飲食不謙讓

借他物令自來取　入人房閫取人物看

得人恩不思報　向人花園採果

窮漢說大話　家貧學富人

作客自呼賓　暑月排筵久坐

悶損人

請貴客不來　懇客不請自來

被醉人纏住不放　物賤無錢買
出門逢債主　與讐家對坐
大暑逢惡客　美妾妬妻

癡頑

有錢不還債　知過不能改
見他言語強拗　見人文字強評隲
自不知過強惟人　把酒犯令不受罰
家貧強作富貴相

愚琳

背面說人過　好說人家密事

棄家耽酒　圖他酒食作證人

三頭二面趨奉人　說六親過惡與外人

父母在索要分析　會聚不識尊長位次

有憾於人望人恕　有惠於人望人報

時人漸與狂

無故讐妒他人　酒後呼鬼神

孝子說歌令　重孝鬭鷄走馬

讐託恩門　長大漢放風箏

養閒漢出入　婦女出街坊罵詈

賣田了吉凶　將田宅與人作保

非禮

呼兒孫表德　母在呼舅作渭陽

對父母呼妻弟　聽妻話惟尊長

祭亡人却動樂　徑入他人房闥

枉屈

好父母無好子　好兒無好婦

好女無好壻　有錢不會使

好衣不會著　好廳館不灑掃

有疋帛不裝著　好顏色不解疋配

好妾驅使重難事　惜錢有病不醫

男女長成不教　家藏書不解讀

明月夜早睡　有好花不吟詩酌酒

近好山水不遊玩　有美味慳藏臭爛

清要官自犯贓罪　有美質懶惰廢業

權在手不作好事　年少時好閑不習事

不祥

臥喫食　無事嗟歎　臥床上唱曲
露頂喫食　露頂寫字　牽父母作呪誓
揎胸罵人　薦上坐　對日月大小便散髮
未食椀中先插匙箸

須貧

家有懶婦　早臥晚起　養子不及父
作債追陪　倉庫不點檢　莊園不收拾
拋撒飲食　愛賭博飲酒　漫藏無用物
狠籍米穀　棄業逐樂　家事不愛惜

多蓄愛寵　好遷移不止　好結納權貴

慳不中禮　物貴爭買　物賤反不買

多作淫巧　遮蓋家人作非為事

必富

勤求儉用　見藝廣學　常點檢家事

不迷酒色　不欠債負　奴婢解耕織

夜眠早起　家養六畜　耕作不失時

及時收藏　子弟一心　主母不信佛

諸婦和諧　不嫌麤辣　財物有簿籍

積少成多　買賣不失時　物料不作踐

有智能

立性有守　密事機藏　結交有智人

臨事覺悟　酒後不多語　避他人忌諱

博古知今　不習賤劣事　不妄自逞能

尊敬有德　不親近小人　不妄信奴僕

入門問諱　入境問風俗　夜間常醒睡

有疑問人　不共愚人爭是非

教子

習祖業　立言不回　知禮義廉耻

精修六藝　談對明敏　進退威儀

忠良恭儉　孝敬慈惠　博學廣覽

交遊賢者　不事嬉遊　有守

遇事有知識

教女

習女工　議論酒食　溫良恭儉

修飾容儀　學書學算　小心軟語

閨房貞潔　不唱詞曲　閨事不傳

善事尊長

失去就

卸起帽共人言語　罵他人家奴婢

鑽壁窺人家　不敲門直入人家

席面上不慎涕唾　主人未請先上廳坐

鬧人家盤盒書啟　主人未揖食先舉箸

衆食未了先卸箸　探手隔坐取物

強會

見他文籍強披覽　見他鞍馬逞乘騎

見他弓矢強彈射　見他物件強評價色

見他文字強彈駁　見他人家事強處置

見他鬪打強助拳　見他評論強斷是非

無見識

不說事因先罵人　不問道理隨人做事

俗人學俗家道場　遇事不分別是非

縱兒子學樂藝　縱兒子寵養

男兒學女工　要小下便宜

不得飲酒至醉　不得獨入寡婦人家

不得黑暗獨行　不得與無賴子往還

不得戲取物不言　不得開人私書

不得借人物用經旬不還

雜纂終

雜纂續

宋 王君玉纂 陸行校閱

奴婢相

扱卓高　添水滿　挑燈長

剪燭短　喫乾飯　疾轆著

放物當路　翻著衣裳

易圖謀

鄰舍猫兒　屬官古畫　小兒手中物

難奈何

恃寵婢　有錢惡妻　咬人馬

破活鮎魚　解隱形賊　被裏狗蚤

不得人憐

卒死虔婆　釘手刼賊　偷食猫兒

咬人犬　不孝義兒　別人醜孩兒

使性乞兒　不成器子弟

無憑據

山縣更鼓　選人年歲　廢落廟筊桮

低手圍棊　醉後許物　託魚鴈傳書

牙郎說呪　不封底鎖　買妾閒來壓

趔不得

驚馬脫籠　步尋下水船　針目照人影

醉漢蹴踘　病起人同飯　與村伶合曲

冷淡

念曲子　說雜劇　喫素冷淘

村伶打諢　齋筵聽說話

惡行戶

暑月仵作　世代刼墓　行法僧子

少思算

無錢挾妓　低碁逛手下　癡兒使爺錢

借物賽賭　秀才不讀書

不相稱

水手渰殺　師巫魘死　搭材匠跌死

懸紂著賊　料儀失儀　泆司犯法

彩畫涸室　孝服加銀帶　草屋安獸頭

先生懶惰

自做得

木匠帶枷　鐵匠被鎖　師姑袈裟

冶人鍋釜　服内懷孕　僧道犯戒律

好笑

對客泄氣　村妓妝束　長人著短衣

婦人墜馬　村巫降神　口吃人相罵

阻興

訪妓有客　便風無帆　玩月被雲遮

遊山遇雨　元宵大風雨　新婚忽有疾

花時多時　賞花聞鄰家哭聲

不可託人

相新婦　覓女使　往別州追妓

買馬　數散錢

可惜

慳人有錢　好女嫁醜漢　富商據名妓

歌妓被決　新鞾袴蹴踘　縑皂鋪失火

玉器失手　書畫被鼠齧　古銅器重鑄

驢喫牡丹

重難

瘡上喫棒　冬月飲冷酒　暑月赴公筵

煉頂求福　許捨身修寺　陣上帶甲馬

暑月檢屍　大雨中送殯　隆冬騎遠馬

沒用處

漏餅鑵　破鞋襪　隔年桃符

舊曆　折針　禿筆

又愛又怕

狗喫熱油　小兒看雜劇　小兒放紙砲

新婚女子　初登山遊玩　村夫看官過

騃人看弄鬼神

不識羞

下第人入期集院　新女壻渾身著新衣

被妓不采強入門　賤物作貴賭輸誇口

不請自來攙坐　誇妻妾端正

邊官誇說兵權　酒食店留得筆帖

不濟事

將女嫁內官　飯後請喫茶

特齋日作客　無錢後斷賭

打殺人後戒酒 臨死許修善

臨渴掘井 江心補漏

斷決後赦到 船行借得鞍乘

臨老及第 酒盡伶人來

大斧傷人手摩挲 落解後試官說文好

暗歡喜

丈夫遠行歸 無子聞女使懷娠

賣棺聞人病重 舉子與試官有關節

選人得岐路 同行拾得遺棄物

不自量

老漢嫌妻醜　醜妻恨夫要娶妾

落第舉子罵主司　不解作官歎沉滯

客作嫌人家茶飯　大將妻要人呼縣君

低棊要與人下子　巧人作事拙人不伏

老子弟看少妓　惡札人愛使牋紙

富商騎雙控馬　下賤人呼人表德

愛便宜

共喫果子揀大底　不取錢官人賤買物

騎別人馬遠出　共被把自家被在上

將生鐵博針　養母狗雌猫

寄槽養馬　將鰕釣鼈

過不得

賃屋欠房錢　謁上官被蝨咬

暑月跗睡被蝇擾　狹巷騎馬逢車子

夫妻反目　上司不喜

臨渡無船　逢大官節

難理會

波斯念孔雀經　醉漢寱語

兩人拽斜說話　經紀人市語

杜撰草書　古篆碑額

啞子做手勢　短舌人罵詈

抽亂絲　大官侵占隣人田土

不識疾遲

急如廁說葛藤話　留未食人喫茶

判狀救火　告捨妻女要依日期

與老娘逢人閒話　留走馬天使賭賽

發救兵須揀吉日
發倉賑饑待奏報

不識好惡

失火處說好看
看斬人說儈子好手
岸上看人溺水
向燈心皂莢鋪乞錢
養蠶處乞僵蠶
請舉子明年教學

輟不得

問患腳人借拄杖
廚子處借刀
就雨中人借傘
問暑月行人借扇

少道理

不會禪和尚問答　村學堂講書

初學讀書人策論　田夫論朝政

無證見論訟

難忍耐

觀碁被禁不許教　患腹泄人尋廁不著

病起人忌口　小兒灼艾

腳骨上取箭頭　見人說無天理話

沒意頭

妓家誇會做活計　對屠兒說買物放生

對將官說儒雅事　對僧道說異端害正

雜纂續終

雜纂二續

宋　蘇子瞻纂　陸奭校閱

叵耐

猾胥曲法取受　監司閙部下贓濫事

見非理論訟平人　知人去上官處損陷

自羞耻

和尚道士有家累　師姑養孩兒　說脫空漏綻

在官贓污事發

强陪奉

莊家人與妓筵　不飲酒人伴醉漢

對上官說葛藤話　與蕃使接談

伴不會

對尊官饒棊　問新到僕妾手藝

初到官問舊事體　新僉民兵問力氣

旁不忿

村漢有錢　無才識人作好官

善人被小人凌辱　見初學人及第

俗夫有好妻

不快活

步行著窄韈　赴尊官筵席

入試遇酷暑　暑月對生客

重囚被鎖縛　妬妻頭白相守

村裏女壻戴幞頭　小兒初入學堂

吏胥遇嚴明長官

未足信

賣物人索價說呪　和尚不喫酒肉

醉漢隔宿請客　媒人誇好兒女

吏胥小心畏慎　妓別慟哭如不欲生

敵國講和

陡頓歡喜

窮措大及第　未有嗣生男

遠地世家書　有罪遇赦

富家兒作入贅女婿

這回得自在

僧尼還俗　宮人放出

重孝服闋　囚徒釋脫

不肖子作無尊長　寵妾獨得隨任

　不圖好

癩子喫猪肉　乞兒突好人

去任官放潑要錢　死囚罵法官

刼盗妄引徒伴

　怕人知

流配人逃走歸　買得賊贓物

藏匿姦細人　同居私房畜財物

賣馬有毛病　去親戚家避罪

說不得

啞子做夢　舉子就試偶踈脫

醫人自病　行姦被窘辱

賊被狗咬　作官處被家人帶累

藏違禁物被盜　賊贓被人轉取去

善相撲偶輸　處子懷孕

謾不得

曹司對曉事官員　諳熟行市買賣

姉妻不會飲酒　靈利孩兒買物

諱不得

徤兒面上逃走字　賊見真贓

小官祖父名　有罪對知證人

改不得

生來劣相　性好偷竊

好說脫空　好笑話人

愛說是非　淫慾無度

謬漢好作文章　口吃人多說話

貪財人愛便宜　不肖子好賭博

還俗僧道舉止
偷食猫兒
得人惜
婢作正室有舊態
行孩兒
快馬穩善
良僕妾
學不得
神仙
有膽氣
善歌舞小妓
做活計女壻
好書畫
天性敏速
能飲啖
不偷食猫兒
會讀書兒子
有行止公人
才識過人
臨事果斷

忘不得

父母教育　好交友　愛恩處

得意文字　少年記誦書

留不得

春雪　暑月盛饌　愛逃席客

潮水　順風下水船　猴猻看果子

窮人聚帛　城門發更後　大官得替後

勸不得

服砒黄　酒病漢　愛賭錢人

醉後相罵　夫妻因婢爭鬧

悔不得

賭錢輸　中酒病　失口許人物

好景失遊賞　作過後事發　出語容易

少年廢學　見好物失買

怕不得

上陣相殺　夏月餅師　相撲漢拳踢

有罪喫棒　醜婦見舅姑　弄潮

臺諫官言事　上竿

省不得

閩人讀書　　諸行市語　　番人說話

雜纂二續終

新集二續 七 十

雜纂三續

欽　黄允交纂　陸時雍閲

李義山浪子以巷談寓滑稽王君玉蘇子瞻各倣之遂成風流雅謔後有續者不免畫足寧復遺珠徒爲大雅罪人未必能博好詼士一軒渠也壬子下第出白門車中識

必不來

貧士請貴要　子弟窮後邀幇閒

父母召訓驕兒　衙官挺勢豪　冷曹結客

殺風景

鼓吹遊山　聽歌説家務　松林作厠

對名娼罵坐　名山壁上題詩

不如不解

衲子稱詩　閨人識字　奴善作文

武將淸譚　讀書人精刀筆

難理會

坊妓私譚　村巫作神語　謬瀵做文章

勸不得

醉人唱曲　妬妻罵妾　鍊爐火
講道學　老人說遠年事　愛小便宜
俗漢作詩

難忘

游過好山水　良友箴規　寵婢爲妻所遣
情人語　困阨時受人憐

不祥

呪罵天地祖先　日晏高眠　遮護子孫過失
奴僕放談　笑人家儉嗇　聽娼女做尊長

開口說呪誓　娼女好遊談　女人口出是非

子弟好用機詐　與無賴往還

難久留

愛賭人手中錢　敗子肥田　無錢官居美任

雨中花　老年娶少艾　京中下第秀才

有妬妻畜艷婢

學不得

好音聲　膂力　美姿貌

多子　不識羞

未足信

公人說行止話　自稱圍棋高手　娼嬪從良

假託熟說同心話　子弟向父兄言勤學

道學人講天理　游客雌黃人物　欲爲夫納妾

邊官誇說謀略

不可過

賭博被禁　好飲人無酒　浪子乏纏頭

蕩姬受檢束

暗歡喜

掘地得藏金　貪人受重賄　理學人遷美官

拐兒賺癡人得手　新婦見郎君貌美

阻興

賞花無沽酒處　村客鬧席　佳期發疝

陡頓歡喜

乞兒見橫財　貧人得富妻　離亂後逢骨肉

多年致政忽起用

得人憐

作家妻妾　孝順兒　媒人不長舌

小兒不嫌粗糙　子弟好交長者　僕妾善體主人

可惜

好天資不讀書　名書畫入村手　作詩贈俗人

清官罷職　好試文曳白　聰俊兒郎不自愛　有學人弄筆頭

悶損人

客途久雨　遇村老訴家務　急歸阻風

陪俗士久譚

惡模樣

村漢着新衣　和尚發怒　妬妻罵婢

諂吏謅上司　學市井聲態

這回得自在

嬾奴被逐　州縣轉京職　避軍遇赦

妾值妬妻亡

遲滯

貴人見客　小兒進學堂　遣愛婢

新婚遠別　清官陞轉

富貴相

晼敉　記門簿　娌子寶釵羅袖

後庭絃索聲　院內奚奴調馬　古董客候門

叵耐

無情妓　僕傲主人

播美親朋骨肉就中取利　庸人彈射文章

敗軍奏捷

少道理

俗僧說法　醉漢教誨人　將軍掉書袋

縱子弟游閒

冷淡

三家村賽社　草縣開操　廣文先生陞堂

措大會親　初學人作賦

無憑據

田夫講故事　試揚中更鼓　村巫符呪

妓家年紀　方士自稱百歲　塞上叙軍功

不相稱

重服挾妓　佛院養雞豚　僧子乞齋

皂快不喝叱　措大鬭雞走狗　武將戒殺生

秀才出入公門
　佯不會
新婦推酒　坊伎藏飡　尊長問卑幼歌唱
　旁不忿
豪家白占妻田　好官被劾　看雜劇邪人害正
謬漢譏駁好詩文　看唆弄癡人作過
　怕人知
僧道走狹邪路　客路帶重貨　蓄違禁物
舉子通關節　有私夫

不嫌

貧人得薄賂　窮漢娶再醮婦

淹滯掛大中末榜

强陪奉

妓伴老翁　村漢見貴親　病夫請客

老娶少妻

不圖好

罷任與上司放對　失節婦再嫁

革退吏胥發本官贓私　嫖蕩後打蓮花落

說不得

同官挾去賍物　偷被行童對傳　買字眼着賺

在任吃劫　講學人遭妻毆

謾不得

向牙郎說物價　妄誕措大遇主司

正人前瀉脫空話　嚴明官聽訟

對老伎使乖

諱不得

陰瘵出面　不愛好兒郎

易圖課

貧家婢僕　俗客古書畫　下僚財物

敗子田園

沒意頭

與俗人論詞賦　向再醮婦談貞烈事

對落第舉子誇新郎君

重難

看月登樓飲酒　破船遺風　濁音人唱無板腔

隆冬落水　醜妻奇妬　獨子不孝

失意後遇負心人

必不得

索慳人酒食　偃蹇措大假貸

窮書生乞富家婿

不快意

負病賞花　佳會主人欠踴躍　中秋月淡

不達時宜

借書籍不還　強評前輩文字　鬧妓席

書生禦虜　對人家子弟說淫豔事

索不相知酒食　與無賴人辯曲直

邀落解秀才看迎舉人　惡詩書強汙人扇

不識羞

單說富貴往還　開口脫空　高自稱許

慣使小機術　剽竊詩文　逢人數子弟罪過

倚親族貴勢凌人

虛度

少年不讀書　月夜高眠　好山水不遊賞

妾遇主母妒　蕩子娼

不忍聞

屠門宰殺聲　雨夜啼鵑　邊城報敗

孤兒哭父　老人聽蒿里歌　酷吏拷掠聲

下第後唱渭城　惡少述淫褻語

改不得

內相頌人形　見人便詼諢　好市井詭譎

不肯說真話　美刀筆　喜嘀唆

快意

平城走駿馬　飽帆張風　花時人送酒

年少兒子及第　勝地豪吟　美妾賢妻

聽人說神仙俠烈　乘勝逐虜

雜纂三續終

ISBN 978-7-5010-6266-9
9 787501 062669 >
定價：90.00圓